L'ANGLETERRE

ET

LA FRANCE

EN 1851.

Paris. — Imprimerie de L. MARTINET, rue Mignon, 2.

L'ANGLETERRE

ET

LA FRANCE

EN 1851,

PAR

V. DE PELTSCHINSKI.

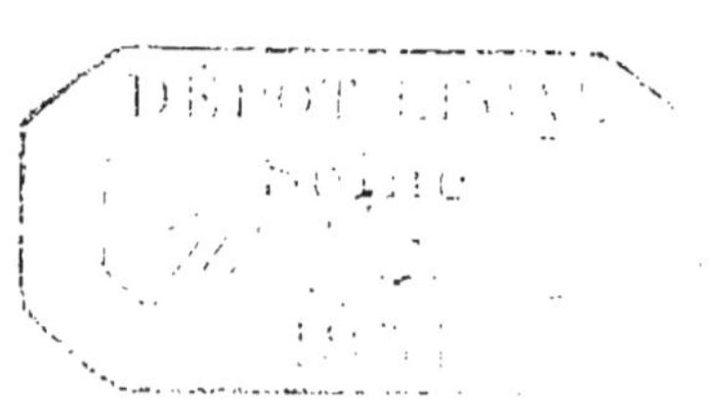

PARIS,

LEDOYEN, LIBRAIRE,

PALAIS-ROYAL, GALERIE D'ORLÉANS, 31.

1852

L'ANGLETERRE

ET

LA FRANCE

EN 1851.

O tempora ! o mores !

I

L'esprit abattu, le cœur navré du douloureux spectacle que nous présente la France, je me dirigeai vers l'Angleterre pour reposer ma pensée dans le calme majestueux de cet admirable pays. Si l'Angleterre peut servir de modèle aux autres nations, elle doit être un sujet d'étude pour les hommes sérieux, animés par l'amour du bien. Ne rendrait-on pas un immense service à la société, à l'humanité tout entière, si l'on mettait en lumière des faits qui frappent autant par leur grandeur que par leur simplicité. Le sacrifice et l'obéissance sont les traits distinctifs du caractère anglais ; voilà ce qui fait leur supériorité et voilà ce qui manque essentiellement à la France.

L'activité et la persévérance, la hardiesse et l'intelligence organisatrice, mettent la nation anglaise au-dessus de toute comparaison. Souveraine du monde commercial, reine des Océans par sa marine, possédant sur la surface du globe quarante-huit possessions principales, elle sait suffire à toutes les exigences que lui impose sa grandeur, elle sait parer à toutes les éventualités intérieures et extérieures avec une habileté qui tient du prodige ; et on la voit commander, diriger, dominer à des mille lieues de sa métropole comme elle le fait dans un de ses comtés. Lorsque quelques colons de sa race pénétrèrent par delà l'océan Atlantique, ils fondèrent bientôt la nation forte et vigoureuse des États-Unis d'Amérique. Dès qu'elle a porté son drapeau dans l'Hindoustan, des millions de populations indiennes, plongées dans l'abrutissement, sont tirées de leur torpeur ; et ces races mixtes se réveillent, s'animent, s'éclairent, se civilisent au souffle vivifiant de la grande nation anglaise. Mais avant cent ans, m'objectera-t-on, les grandes Indes se seront affranchies de leur joug et elles voudront conquérir l'indépendance des États-Unis ! Oui, ce peuple pourra s'émanciper un jour, mais alors il entrera dans la grande famille des nations civilisées, et la gloire en reviendra à l'Angleterre, qui aura jeté la première étincelle de civilisation dans le sein d'un peuple barbare. En attendant ce moment marqué par la providence, l'Angleterre poursuivra ses pacifiques conquêtes ; elle découvrira de nouvelles contrées, et l'Australie ne sera pas le dernier triomphe de la marine anglaise, qui est infatigable dans ses explorations de l'Océan.

... La gloire que s'est acquise l'Angleterre n'est pas son seul titre à notre admiration ; elle mérite nos respects par la sagesse de sa politique. En effet, ne tient-elle pas entre ses mains l'équilibre européen? N'est-ce pas son génie profond qui détermina la force motrice de la vapeur et qui en enseigna l'application sur le continent et sur mer, à la filature et au tissage? N'est-ce pas ce génie, qui a tant de droits à la reconnaissance des hommes, qui a résolu le magnifique problème des télégraphes électriques sous-marins, chef-d'œuvre de l'esprit humain, dont les résultats abrégent l'espace, en nous faisant faire le tour du monde en une demi-heure!... L'Angleterre, encore sans rivale, sous ce rapport, a la clef du crédit universel, et elle seule a ouvert ses ports au commerce libre de toutes les nations :

ainsi le monde entier est tributaire de son initiative civilisatrice.

Il faut bien se l'avouer, si tout gravite autour de la puissance anglaise, tout concourt à sa prospérité. Sa position géographique l'a préservée de toute influence contraire et lui a permis de développer les éléments civilisateurs que contenaient en elles les races du Nord. Un amour ardent, mais éclairé, du passé traditionnel et des coutumes nationales fait sa force et sa stabilité, sans avoir altéré son culte pour la vraie liberté, c'est-à-dire la liberté prenant sa source dans la religion et le respect de l'autorité. Quelle leçon pour les peuples qui veulent amener le progrès par les voies révolutionnaires ! Et quand on pense que deux siècles ont consacré les libertés anglaises !

La suprématie anglaise appartient à son génie, à sa force toute puissante, car le territoire de l'Angleterre a des limites exiguës qu'on pourrait presque parcourir d'un bout à l'autre en un jour; sa population ne dépasse pas 20 millions d'habitants, indépendamment de l'Irlande, qui est plutôt un obstacle qu'un auxiliaire utile ! L'Irlande, dont on fait une accusation pour l'Angleterre, doit ses malheurs au fanatisme des prêtres catholiques ; des faits évidents viennent à l'appui de ce que nous avançons ; mais quelques années encore et l'Angleterre verra ses efforts couronnés de succès : la lèpre qui dévore l'Irlande aura cessé ses ravages.

Après avoir parlé de la suprématie politique et intellectuelle de l'Angleterre, ne devons-nous pas rendre un juste hommage à sa gloire militaire ? Ses armées triomphantes ont vaincu à Aboukir à Trafalgar, à Copenhague; et, outre ces prodiges de valeur, n'ont-elles pas anéanti tous les projets d'hostilité envahissante du plus illustre de ses adversaires, du plus grand génie militaire des temps anciens et modernes ?

II

La France, à l'époque du règne de Louis XVI, jouissait d'une grande prépondérance ; une des premières parmi les nations, une des plus anciennes par l'autorité des siècles, elle marchait en avant-garde du progrès et en tête de la civilisation européenne ; en un mot, l'initiative lui appartenait de droit et de fait. Mais l'avénement ou plutôt l'irruption d'une philosophie corruptrice et irréligieuse hâta l'œuvre de destruction en pervertissant la raison, le sens moral de la nation, qui, devenant la proie des hommes pervers et des ambitieux, ne put accomplir sa noble mission. Le sage progrès était dans la pensée de Louis XVI, le jour qu'il accepta les projets de réformes qui devaient consolider le trône en assurant à la France un plus haut degré de prospérité et de puissance.

Mais la liberté, qui promettait au pays de grandes destinées, fut pour les jacobins le prétexte des plus abominables excès. Les autels furent renversés, les liens sacrés de la famille avilis, les mariages, les baptêmes abolis, et des honneurs patriotiques furent décernés aux filles qui oubliaient les devoirs de leur sexe pour se livrer à la prostitution. Les mots : Liberté, égalité et fraternité, répétés par des bouches impures, perdirent leur véritable signification. Au nom de la liberté, on pilla la fortune des nobles et des prêtres ; au nom de la fraternité, on fit couler à flots le sang innocent des vieillards, des enfants et des femmes. L'horrible et le sauvage se disputèrent la France pendant cinq ans. Malheur au pays qui a pu supporter un seul jour le régime barbare et ignoble des Danton, des Marat, des Saint-Just et des Robespierre ! Où s'étaient donc réfugiés l'honneur et le courage français pendant cette période sanglante ? Un seul homme de grand caractère et de génie, envoyé par la Providence, vint sauver la France de son ignominie, et le 18 brumaire fit justice des restes immondes de la terreur de 1793. *Gloire à Napoléon !*

Cependant la république, malgré ses bourreaux en permanence, malgré ses milliers de victimes, malgré l'abolition de la noblesse et du clergé, malgré sa terreur organisée et systématique ; la république, qui convertissait et écartait tous les obstacles par le fer et par la flamme, ne put se maintenir, et ses crimes n'en sont pas l'unique cause : elle ne put se maintenir parce que son nom seul est antipathique à la France. La république n'a de racines ni dans les traditions du passé, ni dans les coutumes ou les habitudes nationales, ni dans l'esprit français ; mais cette république, enfantée par la démence, mais cette république, qui était une orgie et une fureur, inspirait le dégoût et l'horreur à ceux mêmes qu'elle avait épargnés. Ces hommes, qui se disaient les maîtres de la France, se montraient avec leurs hideuses passions ; et pour gouverner ils ôtèrent au peuple sa dignité, ses croyances et la foi de ses pères.... Tels furent les moyens employés par les philosophes et les utopistes, cause première des maux de la France, et ensuite par les jacobins, les montagnards et les démagogues. Nous appellerons l'envahissement du pouvoir par ces hommes sanguinaires *la première invasion des barbares !*

Les cœurs honnêtes, les âmes élevées, les esprits droits flétrissent l'époque de la terreur par leurs exécrations, ou l'expient par leur douleur profonde ; et pourtant il se trouve encore des hommes aveugles ou abusés par leur imagination fébrile qui s'efforcent de poétiser le règne de l'échafaud. Est-ce une avide et insatiable ambition qui les inspire ? est-ce l'attrait de l'émotion, l'amour de la destruction et des orages ? L'impartialité commande de ne point porter un arrêt définitif ; mais il faut bien gémir sur les malheurs qui sont le prix des rêveries ou des aberrations de l'esprit. Comment absoudre M. de Laniartine de son livre, *les Girondins ?* Ce livre, où la fausseté des données s'allie aux erreurs de la conscience, ce livre, qui a le charme du roman par le brillant du style, est une action coupable dans le but que l'auteur s'est proposé et par les conséquences qu'il a eues. Jamais on n'oubliera que les GIRONDINS ont précédé ou ont été le signal de la catastrophe de 1848. La plume de l'éloquent écrivain a été bien mal inspirée : ce génie, fourvoyé dans les basses régions, a été bien fatal à la France ; et s'il se fût dévoué à la cause noble et juste, il eût mérité une reconnaissance durable. M. de Lamartine a cherché des triomphes éphémères et une popularité trompeuse, et, lui, il est tombé l'un des premiers dans l'abîme qu'il avait ouvert. M. de Lamartine n'aurait menti ni à sa conscience, ni à son origine, ni à son talent, ni à sa mission d'historien, s'il s'était servi de son talent pour éclairer la France, pour lui prouver par les faits et par les dates ce qu'aurait été la France, si Louis XVI avait été maintenu sur le trône avec les réformes consenties en 1789. Au lieu de diviniser le crime, pourquoi M. de Lamartine n'a-t-il pas cherché à répandre les idées saines, les sentiments honnêtes dont il était l'apôtre en 1830 ? Mais alors son imagination rayonnante n'avait pas encore perverti son cœur, il aimait saintement sa patrie ; le souffle pestilentiel des révolutions ne l'avait pas encore terni... Aussi, en présence de l'Académie française, le jour de sa réception (1830), il prononçait ces mémorables paroles : « Ce siècle datera de notre double » restauration, restauration de la liberté par le » trône et du trône par la liberté. Il portera le » nom de ce roi législateur qui consacra les pro- » grès du temps dans la Charte, ou de ce roi hon-

» nête homme dont la parole est une Charte, et
» qui maintiendra à sa postérité ce don perpétuel
» de sa famille. N'oublions pas que notre avenir
» est lié *indispensablement* à celui de nos rois,
» qu'on ne peut séparer l'arbre de sa racine sans
» dessécher les rameaux, et que *la monarchie a*
» *tout porté parmi nous, jusqu'aux fruits parfaits*
» *de la liberté.* L'histoire nous dit que les peuples
» se personnifient, pour ainsi dire, dans certaines
» races royales, dans les dynasties qui les repré-
» sentent ; qu'ils déclinent quand ces races décli-
» nent, qu'ils se relèvent quand elles se régénèrent;
» qu'ILS PÉRISSENT QUAND ELLES SUCCOMBENT, et
» que certaines familles de rois sont comme ces
» dieux domestiques qu'on ne pouvait enlever du
» seuil de nos ancêtres sans que le foyer lui-
» même fût ravagé ou détruit.

       » DE LAMARTINE. »

On glorifie la révolution de 89, mais l'on
semble oublier que les réformes adoptées par
Louis XVI étaient une conséquence du progrès et
du développement de la société, et qu'elles étaient
moins une révolution qu'une amélioration dans le
système gouvernemental ; tandis que la *vraie*
révolution, celle qui a bouleversé et déchiré la
France, la *vraie* et à jamais déplorable révolution
date de la convention, époque de dévastation et

de carnage, époque cruelle et qui a laissé des traces qui ne s'effaceront peut-être jamais. La vérité exige que nous séparions ces deux phases révolutionnaires.

Ainsi, la révolution de 1793 avait infiltré dans la nation la plus épouvantable corruption; son but avait été de pervertir tous les bons instincts du peuple; et c'est au milieu de pareils éléments que par la suite la France se divisa, se fractionna en partis factieux et hostiles les uns aux autres. Après la première révolution, on vit d'un côté les légitimistes et de l'autre les républicains. Mais l'empereur Napoléon, qui savait maîtriser tout ce qui s'opposait à sa puissance, déjoua les intrigues de ces partis et s'attacha les hommes qui voulaient nuire au pays. Après Napoléon, l'on vit surgir un troisième parti, nous voulons dire les bonapartistes ou les impérialistes. Puis vint 1830, qui ajouta un quatrième parti. Les orléanistes étaient sans doute les plus habiles et les plus forts dans les partis que nous venons d'énumérer, et pourtant la révolution de 1848 éclata, et engendra ce spectre hideux qu'on appelle le socialisme. Ce cinquième parti, ou cette secte de pervertis, d'insensés et de flibustiers, a pour mission de détruire l'ancienne société, et d'ériger l'anarchie en France et dans toute l'Europe!

En présence de ces divisions factieuses; en présence de ces partis si opposés de principes et d'intérêts, la France succombera inévitablement si elle ne revient pas aux institutions monarchiques, ou si un second Napoléon ne vient pas la sauver.

Pendant que la révolution de 89 dévorait et bouleversait les fortunes et la société en France, l'Angleterre se développait et atteignait le plus haut degré de puissance. La domination sur les Océans, la possession des plus riches colonies et le commerce de l'univers, devinrent son apanage quand la France succombait.

III

Après l'occupation de la France par les armées coalisées et la rentrée des Bourbons, on crut que l'abîme des révolutions allait se fermer. Mais la corruption était plus profonde, plus enracinée qu'on ne l'avait pensé; et le gouvernement de principe, le gouvernement monarchique constitutionnel, s'écroula sous la violence d'une révolution populaire, préparée par des intrigants ambitieux et des démagogues. Cette troisième révolution sera jugée sévèrement par l'histoire. Rien ne saurait disculper le roi Louis-Philippe, si grand politique et si habile administrateur, du crime de lèse-monarchie, qui lui a fait accepter une couronne au mépris du principe. Louis-Philippe aurait acquis plus de gloire et mérité l'admiration de la postérité si, comme lieutenant du royaume, il eût donné la couronne à son roi légitime.

Louis-Philippe, roi élu par la volonté du peuple, roi des barricades, roi accepté par les meneurs de la révolution, Louis-Philippe devait satisfaire les vœux et les exigences de la démagogie; mais était-ce possible ? Lafayette, Laffitte, Odilon Barrot, tous républicains de spéculation et tous inconséquents politiques, s'embrassaient, se congratulaient après la révolution de Juillet, et après avoir confié le trône à Louis-Philippe, ils se disaient qu'ils avaient donné à la France *la meilleure des républiques*. Mais bientôt ils s'en repentirent, et ils eurent le triste courage de dire qu'ils s'étaient trompés, lorsque le roi les eut écartés du gouvernement. Quels hommes et quel patriotisme !

Le règne du roi Louis-Philippe sera envisagé par la postérité comme le plus fécond en résultats immenses. On doit tenir compte à ce roi des difficultés qui entravaient à chaque pas la marche de son gouvernement. Sous son administration habile autant que sage, le crédit et la prospérité avaient atteint un progrès sans exemple jusques alors ; tandis que le maintien d'une paix durable avait assuré à la France de sincères alliés dans toute l'Europe, et l'avait replacée au rang des puissances du premier ordre. Mais de tels bienfaits et une si grande prospérité n'étaient pas suffisants pour désarmer les factions.

Comment les générations futures expliqueront-elles ce délire, cette rage, cet égoïsme aveugle, qui produisirent la révolution de février 1848 ? Comment la France obtiendra-t-elle la rémission des crimes qu'elle a laissé commettre, et qu'avec un peu d'énergie et de résignation elle aurait pu étouffer ? Et quand on pense que cette exécrable catastrophe s'accomplissait en présence d'une armée de 40,000 hommes, d'une armée sur laquelle reposaient l'honneur et la sécurité de la nation, d'une armée admirable jusqu'alors par sa fidélité et son dévouement à ses princes ! Eh bien ! les troupes furent désarmées, flétries par une poignée d'enfants et d'hommes sans nom, sans aveu ; par des hommes qui n'apparaissent bu'aux jours des calamités, et qui rentrent sous

terre quand ils ont consommé l'œuvre de dévastation.

Chaque écrivain qui étudiera et retracera cette
époque doit à sa conscience de signaler à la
justice de ses contemporains les meneurs de
cette épouvantable catastrophe qui, aux derniers
moments, ayant arraché le pouvoir qu'ils convoi-
taient, auraient pu sauver le pays, mais qui,
dans le vrai, succombèrent sous la peur et sous
le mépris de cette vile multitude dont ils se
croyaient les chefs. Cette journée de honte
pour la France s'accomplit sous le ministère
Thiers, Odilon Barrot, *qui a fermé l'ère de la
monarchie constitutionnelle en France.*

Si le président des banquets réformistes voulait
relire les discours qu'il prononça dans les banquets des départements, qui ont précédé le fatal
mois de février, il reculerait épouvanté devant
son œuvre; car ses paroles ont été le premier
coup de tocsin qui a appelé le peuple aux barricades. Un fait digne de remarque, et qui prouve
l'inutilité de l'expérience pour certains hommes,
c'est que le président des banquets en question
joua le même rôle ridicule ou coupable, dans les
deux révolutions de 1830 et de 1848.

Le 24 février 1848, avec tous les désastres

qui en ont été la suite, a vu apparaître ces hordes que nous appellerons *la seconde invasion des barbares*. Tout ce que les rues et les bas-fonds contenaient de plus abject se rua sur les palais et les domaines royaux, qui furent pillés, ravagés, incendiés. Les objets d'art, cette glorieuse richesse artistique qui fait de la France une des plus grandes nations du monde civilisé, les trésors historiques amassés par des siècles, devinrent la proie de ces vandales. Leurs mains impies et sacriléges n'ont rien respecté; et sur des ruines fumantes ils nommèrent leur gouvernement provisoire, et immédiatement après, la république fut proclamée sans consulter les vœux de la France.

Le premier acte du gouvernement provisoire fut une conséquence de son origine et de sa situation : il fouilla dans les bas-fonds de la démagogie pour y trouver des hommes à qui on confierait la mission de propager dans les départements les doctrines républicaines. Quarante francs par jour! Quarante francs par jour, à qui accepterait la tâche de commissaire de la république dans l'intérieur du pays! Une centaine de commissaires furent recrutés en quelques heures parmi les amis des citoyens Caussidière, Ledru-Rollin et compagnie; et aussitôt ils se répandirent dans toute la France. La propagande de la corruption commença ; les cabarets, les estaminets, retentirent au bruit des cris et chants dits patriotiques. Un très petit nombre de départements et de communes purent se soustraire aux prédications subversives de la propagande démagogique. Et la France, qui se dit libre et civilisée, a souffert ce régime odieux et burlesque ! Et les Français, le peuple *le plus spirituel du monde*, ont plié le genou devant ce gouvernement d'acrobates et de saltimbanques ! Quelle effrayante corruption !

Après ces événements, qui avaient mis la France entre la vie et la mort, les mandataires du pays s'assemblèrent à Paris, pour déterminer la forme du gouvernement imposé par les circonstances. Parmi les neuf cents constituants, composés de légitimistes, orléanistes, bonapartistes et républicains, pas un cri de réprobation ne se fit entendre ; les consciences restèrent muettes ; la république pesait de tout son poids sur leurs volontés, tous gémissaient et nul n'osait protester contre cette violence des lois et des principes séculaires de la nation.

Le régime républicain est si antipathique aux instincts de la France et au caractère français, que, malgré l'attrait qui s'attache à la nouveauté, malgré le penchant des Français pour l'imprévu et l'inconnu, malgré la presse dissolvante et ses prédications quotidiennes, malgré de beaux talents qui se mettent à la disposition d'une détestable cause, et malgré les moyens de corruption employés par le gouvernement provisoire, la république de 1848 fit peu de sincères et honnêtes prosélytes ; mais, par contre, elle a grossi les rangs des socialistes et des démagogues. La république, telle que les cœurs généreux peuvent la rêver, serait le règne de la vertu, du dévouement, du sacrifice et de l'abnégation. Ces vertus étaient-elles le partage des républicains de 1848 ? Qui a donné l'exemple du désintéressement ? Sont-ce les républicains de la veille, qu'on a peut-être désignés ainsi, parce que personne n'en voulait plus le lendemain ?

Nous prouverons par des faits incontestés et incontestables, que les soi-disant républicains ne sont que des escamoteurs ou des entrepreneurs de révolutions. Qui ne se rappelle la journée du 15 mai 1848 ? L'assemblée constituante, réunie depuis dix jours, avait été élue par le vote universel : quoi de plus légal et de plus respectable ! Eh bien ! des hommes se parant du titre de martyrs de la foi démocratique et victimes de la république, envahissent la chambre des représentants par la complicité de leurs meneurs Barbès, Louis Blanc, Albert et Raspail ; ils expulsent leurs col-

lègues et proclament un nouveau gouvernement.
Et lorsque, dans le tumulte de cette séance
ou plutôt de cette honteuse saturnale, Barbès à
la tribune demandait un milliard de contributions
sur les riches, des voix avinées de ses compa-
gnons l'interrompirent en vociférant : Non, non !
ce n'est pas cela qu'on nous a promis, *c'est deux
heures de pillage qu'il nous faut.* Quelle profes-
sion de foi républicaine !

Étaient-ce aussi des républicains ceux qui allu-
mèrent la guerre civile le 23 juin 1848? guerre
fratricide et la plus barbare qui fut jamais; guerre
qui coûta la vie à dix généraux et à plusieurs
milliers de victimes? Étaient-ce aussi des républicains ceux qui, en 1849, se dirigeaient sur
l'Assemblée nationale ayant à leur tête Ledru-
Rollin, Caussidière, Louis Blanc, et d'autres
représentants fondateurs de la république? Où
sont les républicains, les *vrais* s'il en est? Est-ce
à Londres? Mais ces républicains, condamnés,
expulsés, après avoir conspiré contre la république, se déchirent entre eux comme des damnés,
et leur fraternité réciproque ajouterait une page
à l'enfer de Dante. Tous ces hommes, qui ont
prêché l'égalité dans leurs écrits, se méprisent
entre eux, parce que tous et chacun veut être le
premier. Et M. de Lamartine, que nous ne devons

pas oublier, est-il républicain ? Lui qui se dit le pontife de la république, il va se prosterner aux pieds du sultan pour lui demander on ne sait trop quoi; des terres peut-être... Que diraient Socrate et Caton de ce républicanisme à la turque !

IV

Les Français ont essayé toutes les formes de gouvernement, mais rien de durable n'a pu être édifié. Le gouvernement des Bourbons de la branche aînée a été usé, dépopularisé après quinze ans. La Charte de juillet 1830, plus large dans ses vues, plus libérale, plus en rapport avec les besoins du pays, a été renversée après dix-huit ans; et pourtant la constitution qui régissait la France avait été donnée par un roi doué des plus éminentes qualités. Mais la mobilité est tellement inhérente au caractère français, que les mêmes hommes qui avaient applaudi à l'avénement de la branche cadette, qui s'étaient enthousiasmés pour le gouvernement de la Charte constitutionnelle, furent les premiers à la renverser. Toutes ces calamités, qui sont la suite fatale, inévitable, des révolutions, finiront-elles par éclairer la nation française?

Les maux que nous signalons ont pour cause première la Révolution de 89. C'est de cette époque que date ce trouble profond qui fausse ou divise les esprits. On semble avoir perdu les notions immuables du bien et du mal. Les hommes politiques sont ambitieux avant d'être patriotes; les publicistes, les journalistes, les prolétaires même ont des appétits grossiers; la convoitise les anime: aux uns elle fait prendre la plume pour exciter au désordre; aux autres elle fait prendre le fusil le jour de l'émeute: le but de tous est le pouvoir ou l'argent, l'un et l'autre, si c'est possible. Pour aggraver les dangers de la situation, les démagogues et les utopistes présentent la forme républicaine et l'avénement de la république démocratique comme l'apogée des progrès, l'ère attendue de la liberté universelle. On fait au peuple des promesses menteuses, on l'abuse, on le trompe et il se laisse prendre aux piéges que des flibustiers lui tendent. Qui en doute? Ces vœux insensés et criminels peuvent amener le despotisme sanguinaire, mais la liberté jamais. La liberté, la vraie, la sage et désirable liberté, c'est l'Angleterre qui nous en offre l'image. Sa monarchie constitutionnelle, son aristocratie opulente, ont développé de concert tout ce qui constitue la puissance et la prospérité d'une grande nation.

Ne trouvons-nous pas dans la Russie un autre exemple frappant à l'appui de nos observations? Dans ce pays tout est solide, durable et rien n'entrave la marche du gouvernement. Eh bien, dans l'espace des soixante dernières années, son territoire et sa population ont doublé. La Russie est devenue formidable, et sa puissance commence à inquiéter le reste de l'Europe. Les proportions que prennent ses forces productives lui présage un avenir immense. En Russie il n'y a pas de misère et il ne peut pas y en avoir, puisqu'il n'y a pas de prolétariat, cette source de difficultés pour les gouvernements. On sent bien que la république ou plutôt les idées nouvelles ont épargné la Russie.

Voyez encore la Prusse, qui, elle aussi, dans le même laps de temps, a triplé son territoire et sa population. Dans ce pays la civilisation, la législation, le crédit, l'industrie suivent une marche ascendante ; et avant de se former en état constitutionnel, toute la Prusse était déjà sillonnée de chemins de fer, et sous ce rapport elle a surpassé la France en activité et en résultats. En Prusse le bien-être est général.

Que répondront à cela les faiseurs de révolutions? Ils nous opposeront les États-Unis d'Amérique ; ils voient les effets sans remonter aux causes ; et s'ils avaient étudié l'Angleterre, qui n'est séparée de la France que par deux heures de traversée, ils auraient compris que tout ce qu'il y a de prodigieux dans l'organisation sage et rapide des États-Unis revient à l'Angleterre.

. Les plus fanatiques admirateurs des idées démocratiques restent muets quand il s'agit des républiques de l'Amérique du sud, comme celles du Mexique, de la Grenade, d'Haïti, de la Plata et d'autres. C'est que ces États turbulents passent incessamment de la république au despotisme. Il y a dans cette différence de la république des États-Unis et de celles du Sud une cause supérieure à toutes les théories, à toutes les doctrines démagogiques : c'est la *nature du climat*. Les nations qui occupent les régions du Nord sont exposées aux intempéries d'un climat âpre, froid et humide, qui les force à des luttes continuelles contre les influences atmosphériques ; ils n'ont pas de besoins factices, et leurs aliments, qui sont simples, entretiennent la vigueur du corps sans l'épuiser. Les habitants du Nord sont plus flegmatiques que sanguins, plus circonspects et plus persévérants que passionnés, et par conséquent plus adonnés au travail. Rien n'entrave le développement de ces peuples, que leur position géographique préserve de tout contact avec les nations d'origine latine. Telle est l'Angleterre, tels sont les États-Unis d'Amérique, la Russie, la Suède, la Prusse et la Hollande.

Les nations des régions du Sud présentent des caractères tout opposés à ceux du Nord. Les peuples ici sont ardents, impatients, légers et sensuels. Ces types se manifestent avec évidence chez les Grecs anciens et modernes, chez les Romains, chez les Italiens et chez les Français. Les révolutions incessantes qui désolent la France sont la preuve de ce que nous avançons. Il en est de même dans les républiques de l'Amérique du sud. Aussi les institutions constitutionnelles de ces nations paraissent-elles très incertaines et peu durables ; et aussi la partie saine de la France sent-elle le besoin d'un gouvernement assez fort pour comprimer la mobilité des passions. C'est pourquoi on entend reprocher à Louis XVIII d'avoir introduit le gouvernement constitutionnel.

V

Portons un instant notre attention sur la vie politique et économique de l'Angleterre. Sa constitution, qui date de deux siècles, suffit avec des modifications sages et pacifiques aux exigences des progrès amenés par le temps. Les hommes qui représentent le pouvoir sont respectés. Le parlement délibère avec dignité, tout y est proposé avec calme, tout est écouté avec soumission. Les deux assemblées législatives possèdent les hommes les plus illustres du pays et les plus vénérés. Ces législateurs sont graves, consciencieux et éminemment pratiques. Conservateurs intelligents de la religion, des institutions, des traditions, des coutumes nationales et des mœurs, ils n'ont point à lutter contre l'esprit de révolte.

L'âme et le mobile de la vie anglaise, c'est le travail. Aussi rien ne saurait rendre le mouvement, l'activité et la force de sa nation. Pour vous en faire une idée, parcourez la Tamise, une fois..., dix fois...., vous y verrez, dans une étendue de quatre lieues, des milliers de navires chargeant et déchargeant les richesses de l'univers. Parcourez les docks et leurs caves immenses, examinez sérieusement tout ce qui se présente à vos regards, et alors vous résoudrez la question de la grande puissance de l'Angleterre, et vous déplorerez en même temps la mollesse et la médiocrité des autres peuples. Voulez-vous compléter l'admiration que vous aura causée le spectacle majestueux de la Tamise et des docks, allez à Liverpool, à Bristol, à Hull, à Birmingham, à Manchester, et vous vous direz que rien n'est comparable à la terre d'Albion.

A Londres, on ne voit ni des blouses désœuvrées qui encombrent les rues, ni des bals, ni des spectacles à chaque pas, ni des cafés et restaurants dorés ; mais on sent partout l'accord du travail et l'aspct d'ordre et de discipline de la population. L'Anglais travaille sans relâche pendant six jours, et le septième il se repose dans la prière et dans les joies paisibles de la famille. Une nation aussi sage possède les éléments républicains, mais la liberté constitutionnelle monarchique lui suffit.

Les Anglais ont l'amour du travail à un si haut degré, qu'ils se précipitent au-delà des océans pour s'y livrer au plus pénible labeur : au défrichement des forêts sauvages de l'Amérique, au desséchement des marais, à la canalisation des rivières, et ils fertilisent les terres par la vigueur de leurs bras. Le nombre de ces robustes pionniers qui traversèrent l'Atlantique pour aller peupler les États-Unis et d'autres contrées, pendant les trente dernières années, s'est élevé au chiffre énorme de deux millions passés. Ces migrations ne sont-elles pas un immense bienfait pour une population exubérante et avide de travail et qui cherche des débouchés pour utiliser ses forces? Mais elle les cherche par sa propre impulsion. Quel bonheur pour la France, si chaque année vingt mille ouvriers ou plus, manquant de travail dans leur propre pays, suivaient l'exemple des Anglais en se transportant dans les contrées éloignées.

Maintenant comparons la vie politique et économique de l'Angleterre à celle de la France. En France, il y a eu quatre révolutions dans l'espace de soixante ans, et quinze constitutions. Ces secousses successives ont empêché la prospérité, ont arrêté le crédit, ont troublé la sécurité, ont été un obstacle constant à la liberté. Les pouvoirs législatifs, sous diverses dénominations, ont inondé le pays de lois et règlements incohérents, votés et rapportés presque aussitôt. L'Assemblée nationale actuelle présente l'aspect d'une citadelle; à voir les canons, les baïonnettes qui l'entourent, pourrait-on croire que là on délibère des lois et on discute les intérêts du pays? Oui, on délibère et on discute, mais avec l'injure et la menace à la bouche. L'autorité du président de l'Assemblée est sans effet, parce que le flot révolutionnaire a jeté dans l'Assemblée des hommes qui n'auraient jamais pu y entrer. Et que voulez-vous attendre de ces avocats sans cause, de ces médecins sans malades, de ces ouvriers sans travail, de ces sergents? Et dans ces 750 représentants, y a-t-il un seul républicain de conviction?

L'Assemblée législative, composée de semblables éléments, a doté la France d'une constitution qui est une œuvre dérisoire et qui atteste la prostration morale de ceux qui l'ont enfantée. Comment faut-il envisager le silence passif ou l'aveuglement coupable de quelques hommes honnêtes, éclairés, pratiques, qui ont donné leur vote à une constitution qui condamne la France à l'anarchie? Point de protestation, pas un élan patriotique, pas une initiative noble, énergique, qui éclaire la nation sur les dangers qui la menacent. Toujours cette fatale division dans des intérêts ambitieux et égoïstes; toujours ce même désir de popularité dans la perspective des éventualités futures.

La constitution l'a voulu ainsi : elle a ouvert le champ à la guerre civile; déjà l'appréhension est dans tous les esprits, en prévision de l'année 1852. Le père pense avec effroi à l'avenir de ses enfants ; le crédit, l'industrie, le commerce, les marchés, les ateliers, tout est en souffrance ; mais la constitution poursuit son œuvre, malgré la demande de révision faite par les Conseils généraux de 80 départements ; malgré deux millions de pétitionnaires. Mais on ne s'arrête pas poursi peu, la constitution sera maintenue ; la minorité le veut ainsi, elle convient à cette minorité, car elle renferme des germes de troubles et de guerre civile. Ainsi la vile multitude, qui s'est emparée du pouvoir par la violence, s'impose à la grande majorité de la nation et lui dispute le gouvernement légal, traditionnel. O Français, direz-vous encore que vous tenez la première place dans la civilisation ?

Que deviendra la France ? voilà ce qu'on se demande avec anxiété. Cinq partis se débattent chacun dans son sens et dans ses vues ; mais ce qui ajoute à tout ce qui est le plus désolant dans cette lutte des partis ambitieux, c'est de voir l'illustre famille d'Orléans, tant respectée en France, être le jouet de meneurs perfides qui se disent les chefs de l'opinion orléaniste, et qui compromettent par leurs menées coupables le nom si populaire du prince de Joinville ! Une grande et noble tâche est réservée à la branche

cadette des Bourbons : c'est, son rapproche-
ment avec le chef de la branche aînée, sans la mé-
diation de ces hommes qui se disent considérables,
éminents, et qui ont conduit le pays à sa ruine.

Mais, en supposant que la révision de la constitution eût lieu, en quoi cela pourrait-il amé-
liorer le sort de la France? Y aurait-il plus de
stabilité dans le gouvernement? y aurait-il plus
de sécurité? le crédit et l'ordre seraient-ils assu-
rés? Non, mille fois non, car les institutions républicaines ne peuvent régir des mœurs corrom-
pues et des esprits portés par habitude plutôt au
mal qu'au bien; mais, outre cela, un autre obstacle
se présente, et dites-moi s'il y a un gouvernement
possible avec une presse dissolvante, irreligieuse,
anarchique, qui rallumerait bientôt une guerre
civile plus horrible, plus désastreuse peut-être
que les dernières.

Que deviendra la France si les partis restent
divisés et si la majorité considérable des honnêtes
gens persiste dans cette apathie, cette indifférence
coupable qui a laissé faire l'exécrable révolution
du 24 février? Ah! alors il n'y aura de salut que
dans la glorieuse armée française.

L'élu de la nation et de la Providence, qui
soutient une lutte incessante depuis trois ans
contre les passions anarchiques, a prouvé tant de

fermeté d'âme, tant d'habileté dans les affaires de l'État, tant de noblesse dans ses actes; lui qui a été seul responsable du maintien de l'ordre, de la paix et des intérêts de la France, au milieu du déchaînement de la presse et des partis démagogiques, l'élu de la nation, Louis-Napoléon Bonaparte, qui a préservé la France, la sauvera en 1852. *Caveat Consul!*

Toute violence aux institutions légales par une minorité factieuse doit être réprimée énergiquement par la majorité honnête de la nation. Un fanatique Girondin a pu proférer ce blasphème : « Périssent les colonies et vive le principe. » Eh bien, les colonies périrent et le détestable principe fut anéanti. Y a-t-il aujourd'hui de ces êtres monstrueux capables de dire : Périsse la France et vive le principe démagogique!

Quelque déplorable que soit la situation que la révolution de février a faite à la France, elle est aggravée encore par les malheurs que cette révolution a répandus dans toute l'Europe. Les larmes des mères, des veuves, des orphelins; le supplice des martyrs dans les cachots, des exilés de la Pologne, de l'Italie et de la Hongrie; oui, ces malheurs doivent retomber sur la conscience des hommes qui ont répandu par la presse des doctrines subversives. La presse française a enflammé les passions révolutionnaires dans les malheureux pays que nous venons d'énumérer, et à deux époques funestes à la France, elle a été préservée des invasions étrangères par ces moyens perfides ! Vous avez proclamé la non-intervention, et vous avez offert votre sol hospitalier à des milliers de réfugiés politiques que vos démagogues nourrissent de doctrines perverses. Mais vous ne savez donc pas que ce que vous faites équivaut à la plus coupable intervention, car ces jeunes gens, que les émigrations enlèvent à leurs pays, laissent des familles entières en butte aux persécutions des gouvernements qui confisquent leurs biens, et qui punissent dans les pères les fautes des enfants. Mais déjà vous pouvez voir le résultat de vos aberrations politiques, car les comités de vos condamnés politiques, tant à Londres qu'en Suisse, s'unissent aux réfugiés des autres nations pour ourdir des trames et organiser des complots qui feront explosion en France et en Europe.

Et quand on pense que des hommes de science et d'intelligence se laissent prendre au mirage trompeur des idées démocratiques ; qu'ils professent pour ces idées un enthousiasme dérisoire, et qu'ils voient déjà l'Europe transformée en démocratie des États-Unis d'Amérique. Mais le mot démocratie est aussi absurde que le mot aristocratie, car serait-il possible de définir où commence la démocratie et où finit l'aristocratie de nos jours ? Tout cela , ce sont de vains mots et le produit des élucubrations démagogiques,·

Voulez-vous implanter en France la république démocratique en prenant pour modèle les États-Unis ? Commencez par vous examiner ; demandez-vous si vous avez la même foi ardente , la même religion simple et naturelle, le même respect pour les pratiques religieuses, et les mœurs pures des Américains ; si vous avez de glorieuses traditions républicaines, et surtout si vous avez l'amour du travail. Mais, comme vous avez foulé aux pieds les saints autels, comme vous avez prostitué les liens de la famille , comme vos mœurs se sont relâchées, vous n'avez aucun élément pour fonder une république démocratique, si ce n'est une république comme celle des Romains sous les Césars.

Comment des savants et des penseurs sérieux peuvent-ils appliquer à la France des institutions qui conviennent aux États-Unis ? D'ailleurs, ce pays se modifie tous les jours, et les observations qu'on a pu recueillir, il y a dix ou quinze ans, ne sont plus vraies aujourd'hui. Mais, au lieu de chercher son modèle ou son idéal de gouvernement en Amérique, toute l'attention des penseurs ne devrait-elle pas se tourner vers l'Angleterre qui offre plus d'intérêt par sa proximité de la France, par sa civilisation, par ses institutions séculaires, par l'influence qu'elle exerce sur l'univers entier; et en définitive, n'est-ce pas l'Angleterre qui a fait les États-Unis ce qu'ils sont? Les Anglais sont des Américains, et ceux-ci sont des Anglais modifiés, voilà une vérité incontestable. Pourquoi donc traverser les océans pour chercher ce que nous avons près de nous? Est-ce pour donner raison au proverbe : A beau mentir qui vient de loin?

Les États-Unis d'Amérique ne sont déjà plus ce qu'ils étaient, il y a quinze ans; dans peu d'années, ils seront envahis par tout ce qu'il y a de turbulents démagogues en Europe. Que doit-on penser de cette république qui expédie une frégate en Europe pour transporter chez elle un Kossuth! Elle accorde cet honneur à un homme dont l'ambition criminelle a fait la ruine de la Hongrie, à un homme qui emporte les malédictions de ses compatriotes, et sous le poids de ces malédictions, il va chercher des ovations chez une nation qui jusqu'à ce moment avait été la gardienne incorruptible de l'ordre et de la justice, mais qui aujourd'hui seconde les intrigues, et par conséquent la discorde en Europe. Vienne encore un autre Kossuth, et vous pourrez dire de la Hongrie : « Nec locus ubi Hungaria fuit. »

La conscience ne se révolte-t-elle pas en voyant ces forbans républicains qui tentent des entreprises coupables contre l'état paisible et florissant de l'île de Cuba, dans les buts abjects d'exploitation des esclaves noirs? Si la république des États-Unis poursuit son développement dans de semblables conditions, avant cinquante ans elle subira inévitablement le sort des républiques grecques et romaine, qui subjuguaient les autres nations en les assujettissant à leur domination et à leurs spéculations. Il ne faut pas en douter, les démagogues et les aventuriers, que les États-Unis accueillent avec tant d'empressement, deviendront des Coriolans pour le pays qui les reçoit, pour le reste de l'Europe et pour leurs propres patries.

On n'est pas maître de son indignation quand on énumère la liste trop longue de ces dictateurs, de ces généraux, de ces chefs, de ces sénateurs, de ces tribuns, de ces aventuriers, en un mot, tous se disant libérateurs et tous étant responsables des calamités de leurs patries, auxquelles ils se sont imposés pour chefs! Oui, on n'est pas maître de son indignation, car aucun de ces hommes n'a racheté ses fautes par une vertu héroïque, aucun n'a montré le courage d'un César, aucun n'a montré le patriotisme d'un Caton?

Notre époque, si pauvre en grands hommes, n'offre qu'un seul exemple glorieux dans ces dernières catastrophes; inclinez - vous devant cet exemple, vous tous qui avez préféré un exil humiliant à l'honneur de mourir pour la cause que vous avez embrassée, et qui ne cessez pas de peser cruellement sur vos pays, même de l'exil. C'est un roi qui vous a enseigné la voie du devoir. Ce roi, dupe des intrigues et de l'entraînement de son pays, n'a pu survivre à son humiliation et à ses malheurs; mais grand dans son infortune comme il l'avait été dans son erreur, il mourut! Respect et gloire à la mémoire de *Charles-Albert*.

Les démocrates, ou soi-disant tels, qui veulent introduire en France ce qu'ils n'ont pas compris aux États-Unis, manquent de clairvoyance; leur passion aveugle d'imitation porterait un coup terrible au commerce, à l'industrie, en un mot, à l'ouvrier et au travail.

Le commerce français, en majeure partie, consiste en objets de luxe, sortant des fabriques de Lyon, de Saint-Étienne et de Sédan; des articles dits de Paris, tels que bronze, bijouterie, orfévrerie, ébénisterie et modes. Tout ce qui appartient au luxe et à l'élégance disparaîtrait si la démocratie américaine s'introduisait en France.

Les Américains riches qui voyagent dans ce pays y viennent pour dépenser leur argent dans les élégants magasins; cet argent qu'ils amassent péniblement sous le régime simple et sans faste de la démocratie. Tout n'est-il pas tentation quand on parcourt les belles rues et les boulevards? les boutiques sont étincelantes au dedans et au dehors, ainsi que les cafés et les hôtels. Tout cela n'est-il pas fait pour attirer les étrangers? Mais ôtez à la France son luxe, et les étrangers cesseront d'y affluer, et vous verrez Paris réduit à l'état d'une ville de département; cette réflexion nous amène une fois de plus à revenir sur l'Angleterre. L'Angleterre n'a pas besoin d'étrangers riches et oisifs pour activer son commerce, car ses richesses sont dans tout l'univers.

La fièvre d'écrire par spéculation a corrompu tout ce qui restait de sain dans les idées, dans les croyances et dans les sentiments; cette fièvre d'écrire fait tous les jours d'effrayants progrès en France. La presse révolutionnaire quotidienne exerce son influence dans les départements et dans les communes; et non contente des ravages que font ses journaux, elle envoie des émissaires pour répandre les mauvaises doctrines. Tous les excès se commettent et cette presse crie continuellement à la tyrannie! Sera-t-il donc à jamais im-

possible de fonder la liberté en France? Eh! mon
Dieu! ont-ils respecté la liberté, l'égalité, la fraternité, ces républicains de la veille, qui ont renversé l'Assemblée nationale le 15 mai? Aimaient-
ils la liberté ceux qui ont fait couler des flots de
sang le 23 juin? La presse révolutionnaire res-
pecte-t-elle la liberté du pouvoir établi? Ne dé-
verse-t-elle pas chaque jour des calomnies révol-
tantes sur les individus, les familles et les faits les
plus respectables? Allez, républicains de la veille,
vous ne savez pas ce que c'est que la liberté; la
liberté est un devoir sacré d'obéissance et de
sacrifice, et vous prenez ce devoir pour un droit.
En Angleterre et aux États-Unis, on ne lit pas sur
tous les édifices publics : liberté, égalité, fraternité, et ces deux pays sont vraiment libres; mais
en France on se paye de mots et voilà tout.

Si l'on accuse la vile multitude des calamités qui
pèsent sur la France, ne doit-on pas accuser les
hommes qui ont empoisonné cette multitude par
leurs utopies et théories, par des promesses fal-
lacieuses qui ont fait croire au peuple qu'il serait
sauvé de la misère. Vous tous, qui conspirez contre
le pouvoir établi, par vos discours, par vos journaux corrosifs, n'êtes-vous pas plus coupables,
vous qu'on appelle les sommités du pays, vous les
hommes éminents, vous les habiles, montagnards,

rouges de toutes nuances, vous, auteurs et fauteurs de l'humiliation de la France et de ses malheurs? Oui, vous êtes plus coupables, au moins, que ceux que vous égarez par vos prédications incendiaires.

Le cataclysme de 1848 a porté un coup fatal à la société, non seulement en France, mais dans une grande partie de l'Europe ; l'ébranlement est d'autant plus profond, que les convictions se sont affaiblies ou retirées des consciences par la propagande des insensés. Il ne faut pas en douter, les gouvernements légaux des puissances étrangères auraient atténué le mal ou diminué ses proportions, s'ils n'avaient pas reconnu une république qui avait surgi d'une émeute, d'une surprise dont profita la force brutale. Ce que nous avançons est si vrai, que cette république improvisée n'a pas encore reçu la consécration de la nation ; mais on ne saurait jamais légaliser ni une émeute ni une insurrection, ou si cela était, toute stabilité deviendrait impossible. Dans un pareil état de choses, la ruine des fortunes est inévitable; les entreprises, les transactions sont impossibles, et la misère est certaine. Ce qui ajoute encore à tous les maux engendrés par les révolutions et par toutes les doctrines anti-sociales, c'est qu'elles provoquent, c'est qu'elles excitent l'envie de ceux qui n'ont pas contre ceux qui possèdent. Il n'y a pas d'exagération à dire que les idées démagogiques des derniers tristes événements ont augmenté de 15 pour 100 la misère du peuple; que sera-ce, si le gouvernement actuel dure encore quatre ans?

Pour arrêter les progrès de la corruption, les gouvernements légaux des puissances étrangères doivent veiller avec énergie et sollicitude tant à l'intérieur qu'à l'extérieur. Ces puissances doivent ouvrir des crédits pour les travaux publics extraordinaires, afin d'occuper les bras et les esprits. Outre cela, elles devront exercer la plus prompte et la plus sévère justice : la cause des nationalités ne saurait assez préoccuper les gouvernements sages; car c'est la mine la plus riche pour les exploitations de démagogues et flibustiers; et enfin d'encourager les migrations des bras inoccupés. Toutes ces mesures, exécutées dans le plus bref délai, calmeront les passions, imprimeront une direction normale, et avec le temps consolideront les sociétés.

VI

En terminant cet écrit, je dois une confession sincère au pays qui m'a donné une si aimable hospitalité. Si j'ai pesé, approfondi les malheurs de la France; si j'ai touché, moi, étranger, à ces graves questions, c'est que le péril me paraît immense, et que, dans les grands dangers chacun se doit au bien de tous. Les hommes honnêtes de tous les pays doivent étudier les causes du mal et donner leur concours à toutes les sociétés en souffrance. Je n'ai pas suivi, dans ma revue rétrospective et actuelle, l'exemple de ce marquis qui, après un séjour d'un mois dans un vaste empire, et sans connaître la langue du pays dont il parlait, a fait en quatre volumes un pamphlet (1). Je n'imiterai pas non plus ce citoyen représentant, transfuge, condamné pour délit envers la république, dont la science et la moralité ne seront jamais oubliées en France, qui, cherchant dans ses théories, ses doctrines perverties, a su ramasser des argumentations pour

(1) Le marquis de Custine.

annoncer la décadence de l'Angleterre (1); il croyait peut-être que l'Angleterre se laisserait influencer par ses lumières et par ses conseils. Je n'imiterai pas surtout la presse démagogique française qui vomit tous les jours des calomnies odieuses sur toutes les nations qui s'écartent des principes démagogiques.

J'ai puisé mes convictions et les motifs qui me font agir à une plus noble source. Habitant la France depuis plusieurs années, j'ai étudié, j'ai approfondi les choses et les hommes et j'ai gémi ! Et tout mon cœur s'est ému ; mais il n'est entré dans ma pensée de blesser personne, et je proteste contre toute interprétation de ce genre. Ce que je poursuis de mon indignation, c'est ce faux patriotisme, qui est le fléau de la noble nation française ! Comment voir de sang-froid ces bouleversements qui ont détruit l'ordre, arrêté les améliorations dans toutes les branches d'industrie, renversé le crédit. Et quand l'on pense que tout ces maux sont l'ouvrage d'une brutalité sauvage, dirigée par des démagogues !

Ne voyez-vous pas que ces crises, qui reviennent à des intervalles périodiques, remuent la France jusqu'au fond de ses entrailles et la font reculer de vingt ans, pendant que les nations rivales

___
(1) M. Ledru-Rollin.

avancent toujours ? Ne comprenez-vous pas que c'est la stabilité du gouvernement qui a donné à l'Angleterre un siècle d'avance sur la France? Le but que je me suis proposé dans cet écrit a été de vous signaler la grande nation anglaise, que vous devez suivre si vous voulez fonder un gouvernement fort et durable.

Vos démagogues qui corrompent et ruinent la France ne cessent de répéter, pour flatter le peuple, que la France tient la première place dans les nations civilisées ? Mais prenez-y garde, une grande responsabilité pèse sur vous, et vous devez compte à Dieu, à la société, du mal que vous laissez faire et du bien que vous n'avez pas fait... D'autres bras vigoureux se saisiront de la bannière civilisatrice, et la porteront où Dieu et la religion l'appellent. Faites donc des efforts généreux, restez une nation morale, unie, amie de l'ordre, et surtout respectez l'autorité établie ; alors seulement la France reprendra son élan et occupera la place qui convient à une grande nation.